家庭托育評量表

Family Day Care Rating Scale

FDCRS

THELMA HARMS
RICHARD M. CLIFFORD 著
倪用直 譯

FAMILY DAY CARE RATING SCALE

THELMA HARMS

Director, Early Childhood Curriculum Development

RICHARD M. CLIFFORD

Associate Director, Bush Institute for Child and Family Policy

Frank Porter Graham Child Development Center
University of North Carolina at Chapel Hill

Published by Teachers College Press, 1234 Amsterdam Avenue,
New York, NY 10027

Teachers College, Columbia University
New York and London

關於作者

索瑪・哈姆斯（Thelma Harms）目前任職於法蘭克・波特・葛拉翰兒童發展中心，擔任幼教課程發展部門的主任。她也是北卡羅萊那州立大學教堂山分校教育學院的副教授。她曾任職於加州州立大學柏克萊分校的哈洛・瓊斯兒童研究中心。哈姆斯博士在學前教育界具有深厚的實務經驗；她為托育中心、提早教育機構，以及公立學校作諮詢輔導；並從事師資培育及親職教育的工作。她的著作包括一系列培訓家庭托育業者的課程教材。

理查・克利弗（Richard M. Clifford）目前是北卡羅萊那州立大學教堂山分校，法蘭克・波特・葛拉翰兒童發展中心所屬布希兒童與家庭政策會的副主任。他曾擔任過小學校長。克利弗博士的著作和編輯的刊物包括許多幼兒教育與照顧的專文、書籍及報告。他也為許多州及地方政府的教育及人力資源部門做規劃及評鑑工作。

關於譯者

倪用直，美國印地安那州博爾州立大學幼教博士，國際 AMI 蒙特梭利合格教師。曾任職於中台醫護技術學院幼保科主任；朝陽科技大學幼保系主任、人文暨社會學院代理院長。近十年來投入專業保母培育領域，並為台中市政府設立全國第一所保母資源中心，為推動 0-3 歲嬰幼兒保育及親職教育工作不遺餘力。目前為朝陽科技大學幼保系專任副教授。

譯者序

近年來由於台灣社會型態的變遷，不少雙薪家庭應運而生，職業婦女在事業與嬰幼兒照護無法兼顧的情況下，必須將親職工作交由專業人士代理，而通常委託的就是家庭式的托育服務。

我國的保母丙級技術士考試，亦即一般所知的專業保母證照考試，始於 1998 年，截至 2007 年 7 月底止，已有 46,122 人取得證照，這也反應出家庭式托育服務在台灣的需求與蓬勃發展。多年來，我持續在保母支持系統領域中與保母姊妹們共同成長。這段期間，經常與專業保母們相互砌磋，但論及家庭托育環境品質的議題，常會遇到一些難以表達清楚的瓶頸。

當得知有機會翻譯 *Family Day Care Rating Scale*（家庭托育評量表）時，我深感榮幸也深覺高興。Dr. Harms 與 Dr. Clifford 是美國知名的學前教育學者，尤其在環境評量方面的論著更是響譽國際，能夠有幸翻譯他們的大作，實在是與有榮焉。令我感到高興的是在嬰幼兒保育教學、嬰幼兒托育環境的評鑑與相關研究方面，終於有一份信效度皆高的中譯本工具書可供產官學界使用。

《家庭托育評量表》更是一份深入淺出的專業指標；它貌似簡單明瞭的結構，卻又是充分學理的結晶。對於從事居家托育的專業保母，它將是一位隨侍在側、無怨無悔的環境規劃老師。

由於本書是國際知名學者主導的研究成果，又是一份實務性的工具書，因此譯書的工作也邀請本系碩士班的學生一起參與，在這裡要謝謝他們的投入與努力。同時我也要感謝台中市保母資源中心的張美欣小姐、謝佩雲小姐及萬玟妤小姐，她們在電腦製圖及文書處理方面，給了我全力的支援。

在此，我也要向心理出版社的全體同仁致謝，尤其感謝林敬堯總編輯的支持，讓我有機會完成一系列評量書籍的譯作；同時也要感謝陳文玲小姐的耐心與協助，沒有她的幫忙，許多細部的工作無法完成。最後，更希望運用此書的讀者，能夠使您的工作更趨完善，因為如何讓嬰幼兒們在優質的托育環境中成長，是我們一致努力的目標。

倪用直　謹識

2007.08.19

序言

這份《家庭托育評量表》（*Family Day Care Rating Scale,* FDCRS）是先前所出版的《幼兒學習環境評量表》（ECERS）（Teachers College Press, 1980）的改版。儘管這兩份評量的編排相同，但是內容卻不一樣；如同服務的對象及目標相同，但是家庭托兒的環境背景與機構式托育環境的要求是不盡相同的。

《家庭托育評量表》已經有很長一段發展期間，經過實地試驗、修正並且於出版前大量的使用在研究及訓練上。我們為家庭托育服務，於 1980 年開始進行《幼兒學習環境評量表》的改版，在 Efrat Padan-Belkin 的協助下，我們在 1981 年的夏天完成了改版的新增部分。專門為家庭托育修訂的量表，在 1981 年以「日間托育環境評量」（Day Care Home Environment Rating Scale, DCHERS）名稱發表。Padan-Belkin 博士於 1981 年 8 月返回以色列，之後沒有再繼續與我們一同進行評量改版的工作。

經過一些實地測試（field testing）後，我們於 1981 至 82 學年度間每週都會與博學的、熱中於日間托育的專家們開會，以修正評量表。這些專家包括了 Debby Cryer、Beth Bourland、Diane Adams 及 Deirdre Dowdakin。在 1982 年間，經過不斷的實地測試及修改，完成了新版的「日間托育環境評量」。1983 年又經 Debby Cryer、Beth Bourland 的協助，以及 Mary Rutala、Janet Anderson、Fran Perkowski、Bess Cheney 及 Teresa Waggoner 的信度測試下，完成了更進一步的改版。

雖然我們對整體評量的信度很滿意，但少數幾個項目的信度則被判斷太低，我們在 1984 年前出版的評量表，為這些信度過低的項目做過修正，而這份修訂版即稱為《家庭托育評量表》，大體上與現行的版本相同。修訂後的《家庭托育評量表》於研究及練習的同事的經驗基礎上，亦做過文字上的修正，使措詞、用語更易懂。

我們該如何恰當地感謝協助我們發展這份評量表的所有人？在這裡以及鄰近的北卡羅萊那的各郡中，我們擁有數不盡的家庭托育照顧者開放他們的家，所以我們得以進行現場測試和修訂這份量表。對於他們以及同仁，我們致上由衷的感激。

使用以前的版本進行調查與訓練，對《家庭托育評量表》的發展也非常有貢獻。我們特別感謝 Carolee Howes 和她在洛杉磯大學加州分校工作的同事，以及在加拿大的 Alan Pence、Hillel Goelman、Susan Pepper 和 Barbara Stuart。感謝來自於 M. A. Lucas 和她在「美軍家福中心」的兒童發展服務部門的工作人員，給予持續不斷的關心和無價的回饋，並協助實際有效且有意義的評量表改善的工作。Nancy Travis 和 Joe Perreault 透過他們的家庭托育照顧技術研討會議，給了我們很大的鼓勵。

特殊教育項目的發展是與 Don B. Bailey 一起現場測試，以及和 Debby Cryer 共同修訂。Sylvia Jones 以及所有家庭托育企劃的成員，在美國密西根州安阿帕市的一項 HCEEP 計畫中，進行特殊教育項目的現場測試。

發展這份評量表是一段長時間又有趣的過程。我們非常感激在這裡提到的所有同事，以及所有在這個領域中提供相關經驗訊息的人。我們尤其感謝在法蘭克・波特・葛拉翰（Frank Porter Graham）中心的同事，對我們的耐心、幫助和鼓勵。

Thelma Harms

Richard M. Clifford

法蘭克・波特・葛拉翰兒童發展中心

北卡羅萊那州立大學教堂山分校

目錄

家庭托育評量表的發展

理論基礎

當父母親必須要在自己家庭外托育幼兒時，他們可能比較願意選擇在托育者的家裡而不是托育中心，特別是三歲以下的嬰幼兒。家庭托育是以在一個私人的家庭中提供給一小群孩子的照顧而命名，通常也包括托育提供者的孩子。儘管家庭托育比托育中心更普遍，州的法律對家庭托育的規定卻很少，通常允許一定的托育人數內可以有不同年齡層的嬰幼兒，以及一些基本健康與安全防護的標準。托育者出示良好的道德人格和健康狀況證明通常也是必要的。管理的標準，州和州之間的準則相差甚大。有些州只要地點審查與註冊就好了，而有的州需要執照，還要定期督導。訓練的標準和資源在各地也相差很多。

起初，托育被視為只是替代父母親照顧而已，所以一開始視為給父母親的一種服務。但當幼兒發展的觀念逐漸為大眾關切時，孩子在「質」的照顧方面就很重要了，因為托育者不當的照顧，可能會造成幼兒不利的發展。最近，也興起了關於托育對孩子社會性、情緒及認知發展的負面影響的質疑，令大眾關切——尤其是在嬰兒身上。另一項令人關心的，就是父母請別人幫忙托育孩子可能會切斷他們和孩子之間親情的聯繫，或缺乏為人父母的勝任能力。

不論是家庭或機構托育，高品質的服務對幼兒和家長而言是非常重要的。對幼兒而言，優質托育的目標是促進各項發展而非只提供看管的照顧；對父母而言，是提供持續的介入與溝通的機會。家庭托育提供者被期待是一位更專業化、更有愛心的人，能為一群不同需求的幼兒提供一個安全、有支持性、能激勵人的環境，並且也能與家長有良好的溝通。正因為家庭托育是一個小型的企業，但提供了一項很重要的服務，因此當它變成家庭托育的場所時，家中的環境必須要做調整，就如同在家中經營別的行業，也必須在環境上做些改變一般。

《家庭托育評量表》（FDCRS）為優質的家庭托育訂定廣泛的定義。評量表的三十二個項目包括六個類別：照顧及學習的空間與陳設、基本的照顧、語言和推理、學習活動、社交發展，和成人需求。在四個品質的水平中描寫每個項目：不適當（沒有符合照顧的需求）、最低要求（符合照顧的需求及一部分基本發展的需求）、良好（符合發展的需求）、優良（高品質個人化的照顧）。

不適當及最低要求的評分將焦點放在基本教材的提供與健康安全的預防。良好及優良的等級，以及良好的教材需要積極的互動、計畫及個別照顧。從嬰兒期到幼稚園這段年齡層的需求均有描述說明。

FDCRS 試著以現實的角度來要求家庭托育的環境規劃，而不是強調托兒所內應有的設置。可是家庭托育的環境不應只被視為一個家庭私人住所；它必須提供額外的組織、空間、教材、活動及人際的互動，以提供發展適切的經驗給受到家庭托育照顧的幼兒。

家庭托育照顧者所提供的專業兒童照顧，須符合兒童發展協會（Child Development Associate, CDA）於 1985 年為家庭托育照顧者發展的證照要求。應徵者必須具備及精熟六大能力指標。比較 FDCRS 項目及 CDA 六項能力指標，顯示評量表提供了衡量各個能力的項目。以下呈現了符應 CDA 各指標的 FDCRS 項目。

CDA 能力	**FDCRS 項目**
1. 建立和維持良好環境	
安全	13, 26
健康	8, 9, 10, 11, 12
學習	1, 2, 3, 4, 5
2. 促進孩子的能力	
運動	5
認知	17, 18, 24, 25, 26
交流	14a & b, 15a & b, 16
創造性	19, 20, 21, 22, 23, 25
3. 支持社會性／情緒發展	6a & b, 7, 27, 28, 29
4. 與家人建立積極的關係	7, 30
5. 確保一個經營良好的計畫	25, 26, 32
6. 維持承諾的職業精神	31, 32

因為 FDCRS 是設計成廣泛且容易使用的，所以用於照顧提供者的自我評估、機構的督導管理、學術研究及計畫評估均有其助益。目前被許多機構運用在訓練及研究方面。

信度與效度

測試開發中的工具，一般會涉及兩個概念。首先是信度（reliability），信度是指獲得評量結果一致性的能力。以《家庭托育評量表》為例，它的價值則在於評估環境品質一致性的能力。第二個概念是效度（validity），它是指《家庭托育評量表》能確實評量家庭托育環境品質的能力。以下簡要報告本評量表在建立信度與效度時所做的各項檢驗。

信度　兩種不同信度測量方法用於本量表。首先是評分者間信度（interrater reliability），也就是兩位使用量表的評分者，在分別評量相同的家庭托育環境後，所獲得的評估結果。第一次評分者間信度測試時，曾培訓六個人使用此量表。然後由多對評分者觀察北卡羅萊那州中部的十九個家庭托育環境，過程中這幾對評分者曾經過輪換，也同時進行觀察者偏差的自由度檢驗。此次研究結果評分者間信度係數為 .864。然而，其中有八個項目在獨立性項目的信度檢驗時，所獲得的係數小於 .5，我們決定在更進一步的測試前，先行修訂這些項目。

這八個項目在內容上經過大幅度的修正，用字遣詞也做了小幅度的變更。經過修訂的評量表，在 Sylvia Jones 的指導下，曾用於密西根州安阿帕市的家庭托育訓練計畫。Jones 博士以及她的同事們由這個計畫所獲得評分者中間信度（median interrater reliability）係數為 .83（Jones & Meisels, 1987）。這個計畫在進行時，曾觀察到一些特殊幼兒，研究者發現原有的一些特殊孩童相關的項目不夠詳盡應予刪除，而更為詳盡的特殊幼兒相關的附加評量項目則重新訂定。目前所用的特殊幼兒評量項目是在《家庭托育評量表》的主要內容外再附加的章節。這些特殊項目信度的相關研究尚未被執行過。

在兩次運用《家庭托育評量表》的不同研究中，Howes 與 Stewart（1987）以及 Howes（1987）曾以修訂過的版本來測量評分者間信度。第一項的研究包含兩位評分者，觀察評量洛杉磯地區的五十五個家庭托育環境。第二項研究包含另外兩位評分者，但也同樣在洛杉磯地區觀察一百零一個家庭托育環境。這兩項研究結果，獨立項目的評分者中間信度係數皆大於或等於 .90。

第二種信度的測量是內部一致性（internal consistency）。這種測量可以觀察出橫跨不同評分者其相似的項目被相似的評分之程度。Howes 與 Stewart（1987）從第一項研究資料中，計算出評量表各分類項目的內部一致性。Cronbach's Alpha 是內部一致性的統計學測試方法。各分類項目的 Alpha 值如下：

照顧及學習的空間與陳設	.86	學習活動	.93
基本的照顧	.90	社交發展	.83
語言和推理	.90	成人需求	.70

根據上述研究結果，我們可以斷言，若提供觀察者適當的訓練，這份《家庭托育評量表》是足以堪稱為評估家庭托育環境品質的可靠工具。Howes（1987）特別強調其中各分類項目的重要性。她發現，與她研究中使用的其他評量工具相較，這份評量表的分類項目可以協助觀察者做正確的評估，而且有效的檢視環境中應該受到觀察的各個項目。

效度 如同信度一般，也有多種不同的方法來判斷效度。在專業領域中欲建立一項新工具的效度，將會遇到的困難之一——以發展《家庭托育評量表》為例，就是缺乏現存的工具可以做評量結果的比較。因此統計學常用的同時效度（concurrent validity），在檢測《家庭托育評量表》時就無法運用了。

內容效度或稱表面效度（content or face validity），是檢測效度時另一個重要的層面。如同前面所述，《家庭托育評量表》是由《幼兒學習環境評量表》衍生而來。《家庭托育評量表》中許多評量項目是與《幼兒學習環境評量表》相輔相成的，但是它又依據家庭托育的實際狀況做了應有的修正。《幼兒學習環境評量表》的內容效度是在發展過程中，經由一組專家學者建立起來的，他們依據《幼兒學習環境評量表》更早期的版本，對量表中所有幼兒托育的評量項目及相關因素都做了審慎的探討。

《幼兒學習環境評量表》的托育機構版本已經被廣泛的運用在幼兒托育的相關研究。這些研究已肯定了《幼兒學習環境評量表》所定義的環境和假設結果的關係，其中包括了幼兒在托育中心的語言及社會性發展。這些由《幼兒學習環境評量表》建立起來的內容效度，也足以支持《家庭托育評量表》是可以有效的檢測環境品質。

《家庭托育評量表》被視為一份具實效的工具，也經過一些美國與加拿大對家庭托育環境所做的研究結果認可。前文中所提及的洛杉磯家庭托育環境研究驗證了一部分的事實：《家庭托育評量表》與可被觀察到的行為及家庭托育環境可被規範的項目均具正相關性（Howes & Stewart, 1987）。

Pepper與Stuart（1985）使用《家庭托育評量表》初期版本所做的相關研究，發現觀察者對家庭托育環境的評比結果具高度相關（$r=.80$）。此外，他們也發現評分的結果與照顧者的教育也具相關性。Jones與Meisels（1987）發現，照顧者經過訓練後而改善家庭托育環境的成果是否顯著，可以利用《家庭托育評量表》得到證實。到目前為止，所有研究成果均顯現《家庭托育評量表》是一份檢測家庭托育環境品質的有效工具。

因此，除了嚴謹訓練觀察評量人員以建立評量者信度外，《家庭托育評量表》也經由局外的觀察人員對多種不同家庭托育環境的評估，而顯示其實證的能力。《家庭托育評量表》上的各類評分項目是針對不同類別的環境品質做評量，其中包括了照顧者的教育及幼兒的學習表現。這些研究結果都支持著《家庭托育評量表》的效度。不過，本量表最後效度的論斷，仍取決於更廣泛的對於各種不同層次家庭托育環境品質的評量，以及幼兒學習成效的相關研究。

參考文獻

Howes, C. (1987). Inter-observer reliability for the Harms and Clifford Family Day Care Rating Scale. Personal Communication.

Howes, C., & Stewart, P. (1987). Child's play with adults, toys, and peers: An examination of family and child care influences. *Developmental Psychology, 23,* 423–430.

Jones, S. N., & Meisels, S. J. (1987). Training family day care providers to work with special needs children. *Topics in Early Childhood Special Education*, *7* (1), 1–12.

Pepper, S., & Stuart, B. (1985). *Informal family day care: A study of caregivers.* Ontario Mental Health Foundation.

家庭托育評量表的使用說明

《家庭托育評量表》（FDCRS）是為在家庭中受托育服務之嬰幼兒所設計的，其清楚地描述出所要提供給嬰幼兒的照顧品質。這個評量表可以供照顧者自行使用，或者供行政督導單位、托育訓練單位、研究單位的人員以適當的觀察方式使用。

1. 在評鑑托育家庭前，要先仔細的閱讀整本評量表。為了要準確，所有的評鑑都須基於此表的項目所述來盡可能且正確地評分。假使家庭中有托育特殊需求的孩子，則需要有補充的項目來做評鑑。
2. 如果有兩位或更多的觀察者進行使用此評量表的訓練，在此表使用前，為了要達到一致性，應對彼此不同的見解予以溝通並解決。利用家庭的環境做觀察訓練，以每位觀察者所給予的評鑑做討論，來達到最佳的效果。
3. 當一位觀察者（照顧者以外的任何人）在實施評鑑時，須最少規劃兩小時或更多時間來做觀察。實施觀察最好的時刻是利用孩子清醒並且活動的時候。
4. 在整個觀察過程中，觀察員須把這評量表隨時帶在身邊，以便需要討論或評分的時候可以用到。
5. 當觀察時，必須同時圈選及將評論意見記錄在評分表中（請參閱 8-10 頁的評分表樣本所述），不能在事後才依個人的記憶來做延遲的評鑑紀錄。每次在評鑑時，都應準備一份全新的評分表，清楚的記錄每一個觀察的過程。
6. 觀察者要用下列的方式來評分：
   - 以現場觀察或描述的情形來評分，不要以未來的計畫預設立場。
   - 評定 1 分的標準：現場狀況若與 1 分所描述的部分相符就給 1 分。
   - 評定 3 或 5 分的標準：現場狀況一定要與 3 或 5 分所描述的完全相符，才可給 3 或 5 分。當 3 分所描述的完全相符時，才可考慮給該項目更高的分數。
   - 評定中間分 2 分的標準：當 1 分所描述的狀況未曾出現，而 3 分所描述的狀況呈現一半或更多時，就給 2 分。
   - 評定中間分 4 或 6 分的標準：當該項目 3 或 5 分所描述的完全相符，而高一個分數等級所描述的狀況呈現一半或更多時，就給 4 或 6 分。
   - 評定 7 分的標準：該項目評 7 分，是除了符合 5 分描述的狀況外，還必須再加上所有符合 7 分描述的狀況。
   - 其中三個項目（項目 6、14 與 15）有未滿兩歲或兩歲以上幼兒的兩種評量標準。觀察者依受托育幼兒的年齡來選擇單一年齡或兩者均評比。

- 項目標有◆符號者，代表所托育的嬰幼兒為一歲或者未滿十二個月可不必評量。但縱使只有一位幼兒為一歲以上，也必須要加以評量。
- 項目 33 至 40 是當家庭托育中心有照顧特殊幼兒時才需要評量。

7. 假使你是一位外來的觀察者，可以先花一些時間稍作緩衝。對照顧者笑一笑，也讓他／她調適一下。記住！你是他／她的客人。伴隨在照顧者和孩子一旁，你可以聽得到或看得到所有發生的狀況，但是請不要問問題或提出意見而打擾到他們。若有需要做再一次的訪問時，必須先做預約的安排，並要感謝照顧者允許你來訪問。
8. 對一個觀察者來說，這裡提供你一些項目先後評量順序的建議：
   - 從最容易觀察到的項目開始著手（日常照顧與學習的陳設、放鬆及舒適的陳設、與幼兒相關的展示、室內空間安排：項目 1 至 4）。
   - 某些活動只在每日特定時段發生，要知道何時會發生並予以評估（到達／離開、正餐／點心、午睡／休息、換尿布／如廁、個人照顧：項目 7 至 11）。
9. 當照顧者忙碌時，避免發問或談論，要做一個具有同理心的觀察者。在照顧者有空的時候，安排若干時間請教問題。
   - 活動量大的肢體遊戲、獨處的空間、語言和推理、學習活動（項目 5、6、14 至 24、26 至 29），除了要觀察外，還需要更進一步的資訊來補充所觀察到的活動。
   - 有些項目必須由照顧者本人提供資訊（健康、安全、日常活動作息表、成人需求：項目 12、13、25、30 至 32）。
10. 善用一些問問題的技巧，才不會答非所問：
    - 使用開放式的問話，例如：你能告訴我當孩子抵達中心與離開時發生什麼事嗎？如果孩子在你這裡托育時生病，你會怎麼處理？
    - 以非判斷的方式詢問事實性的問題，例如：你生病時有替代或備用的人選嗎？你有參與急救課程嗎？在何時？
11. 使用評分表：評分表提供便利的方式來記錄個別項目的分數，包含等級分數與總分。
    - 觀察時，最好使用鉛筆做紀錄。評分表應清楚地記載，而且要夠黑，影印時能清晰辨識。最後評定的分數應清楚地圈選。
    - 某些項目如果需要獲得額外的資訊，請在評分表上做記號。某項目經過你的觀察後，可在該項想要評定的最高得分處先畫底線。然後在問題項目旁畫個問號，並且於問號旁寫下想要問的問題的關鍵字。藉由這些方式，問題能在短時間內有系統地發問。記住，這麼做僅針對那些你認為或許該評定更高一點分數的項目。
    - 評分表能簡略地指出每個項目分數評定的原因。關鍵字的記載可以幫助你回憶最初做評定的原因。關鍵字也可以作為稍後提供改善計畫的參考或與照顧者自評分數相較的依據。

◎請注意：本書中間夾頁處的評分表可以摘取下來，供做影印用。

Roberta Poole	5	5	9個月 至 40個月	Pam Eckerd	4/29/89
主要照顧者姓名	受托幼兒總人數	幼兒出席人數	受托幼兒年齡層（以月數記錄最年幼者至最年長者）	評量者姓名	日期
1				資源諮詢實習生	
照顧者出席人數				評量者職稱	

照顧及學習的空間與陳設

1. 日常照顧與學習的陳設

1 2 3 ④ 5 6 7
幼兒跪在椅子上——不適合他們的尺寸

2. 放鬆及舒適的陳設

1 2 3 4 ⑤ 6 7

3. 與幼兒相關的展示

1 2 ③ 4 5 6 7

4. 室內空間安排

1 2 ③ 4 5 6 7
空間適宜、安全

5. 活動量大的肢體遊戲

1 2 3 4 ⑤ 6 7
戶外有圍欄，活動時有放CD，雨天使用室內空間

6. 獨處的空間

a. 嬰兒／學步兒
1 ② 3 4 5 6 7
互動不夠頻繁

b. 兩歲和兩歲以上
1 2 3 4 ⑤ 6 7
年齡大的幼兒有自己的遊戲空間

空間與陳設總分
（項目1至6）
27

基本的照顧

7. 到達／離開

1 2 3 4 5 6 ⑦

8. 正餐／點心

1 2 3 4 ⑤ 6 7

9. 午睡／休息

1 2 3 4 ⑤ 6 7

10. 換尿布／如廁

① 2 3 4 5 6 7
為每位幼兒換尿布後都未洗手

11. 個人照顧

1 ② 3 4 5 6 7
幼兒用餐前都未洗手

12. 健康

1 2 3 ④ 5 6 7
防止病菌散播的工作做得不夠仔細；為病童餵藥沒有一定的規則

13. 安全

1 2 ③ 4 5 6 7

基本的照顧總分
（項目7至13）
27

家庭托育評量表
Teachers College Press

語言和推理

14.使用非正式語言
a.嬰兒／學步兒

1 2 3 ④ 5 6 7
目光接觸不多

b.兩歲和兩歲以上

1 2 ③ 4 5 6 7
和年長的幼兒對話不多

15.幫助幼兒了解語言
a.嬰兒／學步兒

1 2 ③ 4 5 6 7

b.兩歲和兩歲以上

1 2 ③ 4 5 6 7

16.幫助幼兒使用語言

1 2 ③ 4 5 6 7

17.幫助幼兒建立推理

1 2 ③ 4 5 6 7

語言和推理總分
（項目 14 至 17）
19

學習活動

18.手眼協調

1 2 3 4 ⑤ 6 7

19.◆美勞藝術

1 2 3 ④ 5 6 7
不是每天都能畫畫

20.音樂及律動

1 2 3 4 5 ⑥ 7

21.◆沙和水的遊戲

1 2 ③ 4 5 6 7
户外有沙箱，玩具不多

22.◆扮演遊戲

1 2 ③ 4 5 6 7

23.◆積木

1 2 ③ 4 5 6 7

24.電視的使用

1 2 3 4 ⑤ 6 7

25.日常活動作息表

1 2 3 4 ⑤ 6 7

26.室內及户外遊戲的管理

1 2 3 4 ⑤ 6 7

學習活動總分
（項目 18 至 26）
39

社交發展

27.語調

1 2 3 4 ⑤ 6 7
氣氛愉悦

28.紀律

1 2 3 4 ⑤ 6 7

29.文化體認

1 ② 3 4 5 6 7
沒有不同族裔的娃娃和書籍

社交發展總分
（項目27至29）
12

成人需求

30.與家長的關係

1 2 3 ④ 5 6 7
沒有印製給家長的書面資料

31.協調個人身分和照顧者身分的責任

1 2 3 4 ⑤ 6 7

32.專業成長的機會

1 2 3 4 ⑤ 6 7

成人需求總分
（項目30至32）
14

評量表總分

A. 總分
（包含項目1至32）
138

B. 評量項目總計分
（將a和b做分開的計分項目）
35
（#6、14、15項包括a & b）

C. 項目平均分數
（總分除以評量項目）
3.9

補充項目：針對特殊幼兒的準備

3歲，脊椎側彎—肢體殘障

33.調適性的基本照顧（肢體障礙）

1 2 3 4 ⑤ 6 7

34.調適性的活動措施（肢體障礙）

1 2 3 4 5 6 7
户外空間對特殊的孩子有困難

35.配合其他特殊需求

1 2 3 4 5 6 7
NA—孩子能夠參與一般的課程

36.溝通（特殊的）

1 2 3 4 5 6 7
NA—不需要特殊的溝通方式

37.語言／推理（特殊的）

1 2 3 4 5 6 7
NA

38.學習和遊戲的活動（特殊的）

1 2 3 4 ⑤ 6 7

39.社交發展（特殊的）

1 2 3 4 ⑤ 6 7

40.照顧者的準備工作

1 2 ③ 4 5 6 7

補充項目總分

針對特殊幼兒的準備
總分
（包含項目33至40的所有分數）
22

針對特殊幼兒的準備
評量項目
總計
5

針對特殊幼兒的準備
平均分數
（特殊項目總分除以特殊評量項目）
4.4

家庭托育評量表項目

說明

1. *對分數 5 中的任一項目而言，即使不是分數 3 中每一個項目在分數 5 中都有重複提到，但在分數 5 中有提到的項目，都必須符合得分 3 中其項目的要求；也就是說，在得分 5 提及的那一項目須加入得分 3 的描述。「所有呈現在 3 的再加上」一詞的說明，即在於幫助了解分數 5 中的每一個項目，在分數 3 中是如何描述的。相同地，對於分數 7 中的任一項目，於分數 5 中是如何要求，也都得敘述在分數 7 的項目中。「所有呈現在 5 的再加上」一詞的說明，即在於了解分數 7（優良）中每一個描述，其在分數 5 中是如何描述的。

   **因為幼兒們在不同年紀有不同尺寸，這裡意指在幼兒的照顧設施應該正確符合幼兒的尺寸。比成人稍小的尺寸，可能是給六、七歲大的幼兒來使用，但卻不適合兩、三歲大的幼兒。舉例來說，正確的尺寸是指，當幼兒坐在椅子時，幼兒的腳能平穩安置在地面上，並有舒服的桌子高度（指膝蓋能恰當地平放在桌下，並且手肘高於桌面）。

2. *柔軟的環境是很重要的，可讓幼兒感到舒服、放鬆和放心。而布娃娃和其他柔軟物品的清潔則參照**健康**（項目 12）。

項目	不適當 1	2	最低要求 3	4	良好 5	6	優良 7

照顧及學習的空間與陳設

項目	不適當 1	最低要求 3	良好 5	優良 7
1. 日常照顧與學習的陳設	› 沒有足夠的家具讓幼兒吃飯、睡覺和收納個人物品。 › 沒有提供遊戲活動的設施。 › 設施損壞或者是不安全。	› 有足夠的家具設備可滿足全部幼兒的基本需要。 › 有一些設備作為遊戲活動使用（例如：美勞活動時使用廚房桌子，閱讀時是坐在長沙發上）。 › 設備是安全的，並有良好的維修。 › 有收納幼兒個人物品的空間。	所有呈現在 3 的再加上* › 幼兒日常照顧及遊戲活動的設備適合幼兒們的尺寸（例如：高腳椅或成人椅裝有墊子，適合在進餐或者在從事美勞活動時使用）。 › 妥善的設備維護（例如：床單每週一次或一次以上的更換，在進餐或從事美勞活動後會清理桌子）。	所有呈現在 5 的再加上* › 一些符合幼兒尺寸**的家具（例如：小桌子和小椅子）。 › 照顧幼兒的設施布置不會擁擠。 › 符合幼兒尺寸的遊戲設備（例如：扮家家酒的廚房器具或畫架等）。
2. 放鬆及舒適的陳設	› 除了嬰兒床或幼兒搖床，沒有其他柔軟的*家具、坐墊或地毯給幼兒使用。	› 在幼兒照顧區裡，幼兒至少可以使用一件柔軟的家具（例如：一張軟椅或長沙發）。 › 有一些鋪地毯的區域給幼兒使用。	› 在幼兒照顧區，幼兒可以使用二件或二件以上的柔軟家具。 › 有許多柔軟的填充玩具供幼兒每天使用。 › 成人與嬰兒和學步兒有身體上的接觸（例如：抱住並搖動幼兒）。	› 特別提供符合幼兒尺寸的柔軟家具（例如：地板墊、豆袋椅、幼兒專用搖椅、加墊子的幼兒專用高腳椅）。
3. 與幼兒相關的展示	› 沒有提供與幼兒相關的圖畫、雕塑或幼兒的美勞作品供幼兒觀賞。	› 展示一些幼兒的美勞作品。 › 有一些從商店買的或成人製作的圖片提供幼兒觀賞（例如：童謠、字母、數字、節日）。	› 展示許多幼兒的作品：一個幼兒至少二個作品項目。 › 將一些幼兒的作品展示在符合他們視線高度之處。	› 在幼兒視高或被成人抱著的視野範圍，放置許多幼兒有興趣的展示物（例如：在吃飯區域、靠近嬰兒床、爬行和遊戲區域）。 › 展示物品至少每月變更一次，以配合幼兒活動和興趣。

說明

4. *若因為避免嬰兒和學步兒四處亂動，而將他們限制在搖椅、嬰兒床、遊戲床、嬰兒座椅或高腳椅上，這樣他們便無法透過探索來學習，也可能因而阻斷了他們與他人的互動。一般而言，即使幼兒不高興、哭鬧，都不應該被限制住。即使幼兒玩得很高興，限制在嬰兒床或遊戲床等設備內的情形也一次不能超過半小時。一天大多數的時間，孩子應該是可以自由活動的。

5. *材料：

嬰兒——室外墊子或毛毯、嬰兒遊戲圍欄、幼兒學步車、推／拉的玩具。

學步兒和學前幼兒——四輪手拉車、三輪車、腳踏車、木馬、球類運動、可以攀爬的物體、滑梯、墊子，或翻滾時使用的地毯、大的厚紙板箱。

**除少數天候不佳的情況（如下雨或下雪）外，應該允許幼兒去室外玩遊戲並且穿著合宜。

項目	不適當 1	2	最低要求 3	4	良好 5	6	優良 7
4. 室內空間安排	› 提供不適當的空間設置給幼兒使用。 › 長時間的把正在學爬／學走的嬰兒／學步兒放在嬰兒床或遊戲床裡。* › 活動空間缺乏良好的通風、溫度及光線。		› 提供適當的空間設置給幼兒使用：嬰兒的爬行空間、學步兒及學前幼兒的遊戲空間。 › 空間裡沒有易碎物品和其他「禁忌」的顧慮，所以幼兒幾乎可以沒有束縛地遊戲。 › 幼兒照顧區有充足的光線、良好的通風及溫度。		› 空間規劃良好（例如：家具放置不會擁擠，動線不會干擾活動，相同功能的教材放置在一起）。 › 兩個或兩個以上的遊戲區能夠清楚區隔開（例如：娃娃角、積木角、美勞角或圖書角）。 › 在每個活動區皆有足夠的儲藏與遊戲空間（例如：開放的積木空間或地毯旁設有收納積木的箱子或櫃子）。 › 空間的規劃足夠讓不同年齡的幼兒在同一時間使用。		› 有充分備用的教材以增加或變化遊戲區域。 › 布置能促成幼兒獨立使用的環境（例如：貼好標籤的儲藏箱或儲藏櫃）。
5. 活動量大的肢體遊戲*	› 對於活動量大的肢體遊戲沒有規劃安全的戶外或室內空間（例如：沒有空間可以騎三輪車、玩球類遊戲、攀爬；或沒有讓嬰兒到戶外活動）。 › 沒有室內爬行空間給嬰兒或學步兒使用。 › 沒有器材，或器材不安全，缺乏維修。		› 除了天候不佳外，整年都應為所有年齡層幼兒**規劃一星期至少三次室外安全的肢體遊戲（例如：隨時在幼兒身旁以確保安全；必要時設立防護柵欄）。 › 提供給嬰兒或學步兒乾淨、安全的室內空間，可以整天到處爬和走。 › 一些器材有經過良好的維修。		› 除天候不佳外，幼兒每天約有一至三小時的戶外活動時間。 › 在天候不佳時，提供室內空間給所有年齡層幼兒做肢體活動。 › 利用器材刺激各種大量肌肉的技巧（例如：爬行、走、平衡、攀爬、盪鞦韆、玩球）。		› 有許多器材能提供給每一年齡層的幼兒。 › 器材的提供給予學前與學步兒想像力的遊戲（例如：提供可移動的木板和木箱，讓幼兒發揮創造力）。 › 透過有計畫的活動，每一週增加新的挑戰（例如：障礙道路、隧道、豆袋遊戲、在墊子上翻滾、球類遊戲）。

說明

6a. *獨處的空間不能和受隔離反省的角落混淆。項目 6 主要是提供幼兒們減輕幼兒間的團體社會壓力。對嬰兒和學步兒而言，即使有提供玩具，但在醒來後半個小時或更長的一段時間是一直待在嬰兒床或遊戲床裡，沒有與照顧者互動，這樣的獨處空間環境是很不適當的〔對於使用暫時隔離（time out）反省的辦法，見**紀律**，項目 28〕。

項目	不適當 1	2	最低要求 3	4	良好 5	6	優良 7
6a. 獨處的空間＊（嬰兒／學步兒）	› 幼兒醒來半個小時或更久時間，沒有與人互動（例如：被放在嬰兒床上、遊戲床裡，或單獨在房間內）。 或 › 被保護著，沒有機會獨自遊戲。		› 照顧者為嬰兒或學步兒提供獨處的空間，避免其他人的影響（例如：當幼兒在玩玩具時，將幼兒放入遊戲床或嬰兒床一小段時間）。 › 將幼兒放到獨處的空間半個小時內，如果幼兒看起來似乎不快樂或無聊時，就將幼兒抱走。 › 至少每十分鐘會和幼兒互動。		› 照顧者會頻繁的（每十分鐘內超過一次）提供給在獨處空間的嬰兒或學步兒一些東西（例如：對著拿著玩具坐在高腳椅上的嬰兒微笑或講話；拿新的玩具給兩個正在照顧區一起玩耍的學步兒）。		› 在單獨遊戲的空間內提供一些有計畫的活動。 › 照顧者在單獨遊戲的活動時，給予幼兒個別的時間和注意（例如：玩特別的遊戲、談論各種物品）。
6b. 獨處的空間（兩歲和兩歲以上）	› 幼兒沒有單獨玩耍的可能性，被保護著避免其他人打擾。		› 幼兒被允許去發現獨處的空間（例如：遊戲設施內、家具後面）。		› 空間是挪出來的，而且是安全的，可容納一個或兩個幼兒在那邊玩，免於其他人的干擾（例如：設定不可干擾的空間規範，其他幼兒看不見空間內的活動）。		› 照顧者利用單獨遊戲的空間去避免一些問題的產生，或在活動時幫助其專注。 › 有計畫的提供單獨遊戲的活動。

基本的照顧

項目	1	2	3	4	5	6	7
7. 到達／離開	› 沒有和幼兒打招呼。 › 沒有規劃好幼兒回家前的準備工作（例如：當家長來接幼兒時，幼兒的物品未準備好）。		› 有一些幼兒被問候，但並不是個別的問候。 › 當照顧者有空閒時才會問候幼兒。 › 跟一些家長談話。		› 每位幼兒都會有個別的歡迎問候及道別。 › 家長和幼兒一樣都被問候。 › 照顧者會使用幼兒到達或離開的時間與家長交換訊息。		› 會為所有幼兒在到達或離開時，安排一個溫馨的歡迎及離開儀式（例如：到達的問候；幼兒的美勞作品和衣物會在離開前準備好）。 › 照顧者會幫助幼兒習慣到達及離開的時刻（例如：一進門會引導他去玩最喜歡的玩具；討論關於明天的計畫）。

說明

8. *如果食物是由家長自己帶來，照顧者對於食物的營養品質不用負責任。然而，照顧者在所有其他餐點部分仍是要負責的，包括了他所提供的附加食物。如果由家長所帶來的食物營養價值有問題，要記錄在觀察表格上。

10. *適當的衛生程序是不可缺少的，因為它可以避免在為寶寶換尿布或進行如廁時的細菌擴散。衛生程序的目的在阻止尿或大便的細菌殘留在照顧者或嬰兒的手上、尿布表面或其他幼兒可以摸到的表面。

這裡有四個減少腸胃問題擴散的方法：

⑴在每次換尿布或進行如廁後，能使用溫水或肥皂洗手，且要與食物備製區分別使用不同的水槽。

⑵在換尿布後消毒尿布桌的表面。

⑶尿布的衛生處理最好放置在有蓋的桶內，最好有腳踏板，以防止照顧者的手再度被污染。

⑷尿布區與食物備製區要分開。

應避免使用便盆椅，因為它不易清洗，而且在每次使用完後都要做徹底的消毒。

家庭托育評量表

評分表

作者：Thelma Harms & Richard M. Clifford

譯者：倪用直

主要照顧者姓名	受托幼兒總人數	幼兒出席人數	____至____ 受托幼兒年齡層（以月數記錄最年幼者至最年長者）	評量者姓名	日期
照顧者出席人數				評量者職稱	

照顧及學習的空間與陳設

1. 日常照顧與學習的陳設

1 2 3 4 5 6 7

2. 放鬆及舒適的陳設

1 2 3 4 5 6 7

3. 與幼兒相關的展示

1 2 3 4 5 6 7

4. 室內空間安排

1 2 3 4 5 6 7

5. 活動量大的肢體遊戲

1 2 3 4 5 6 7

6. 獨處的空間

a. 嬰兒／學步兒

1 2 3 4 5 6 7

b. 兩歲和兩歲以上

1 2 3 4 5 6 7

空間與陳設總分
（項目1至6）

基本的照顧

7. 到達／離開

1 2 3 4 5 6 7

8. 正餐／點心

1 2 3 4 5 6 7

9. 午睡／休息

1 2 3 4 5 6 7

10. 換尿布／如廁

1 2 3 4 5 6 7

11. 個人照顧

1 2 3 4 5 6 7

12. 健康

1 2 3 4 5 6 7

13. 安全

1 2 3 4 5 6 7

基本的照顧總分
（項目7至13）

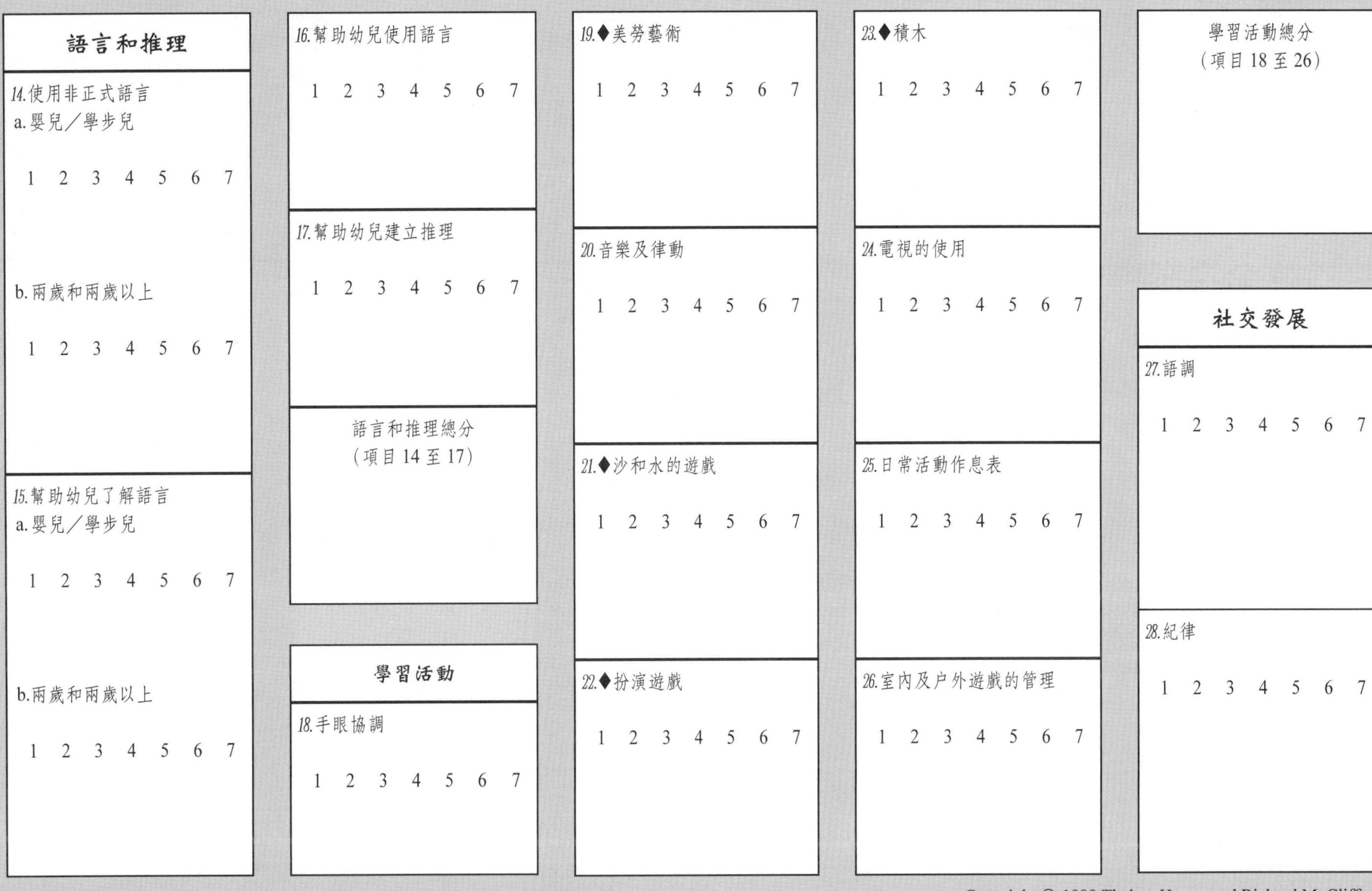

語言和推理

14.使用非正式語言
a.嬰兒／學步兒

1 2 3 4 5 6 7

b.兩歲和兩歲以上

1 2 3 4 5 6 7

15.幫助幼兒了解語言
a.嬰兒／學步兒

1 2 3 4 5 6 7

b.兩歲和兩歲以上

1 2 3 4 5 6 7

16.幫助幼兒使用語言

1 2 3 4 5 6 7

17.幫助幼兒建立推理

1 2 3 4 5 6 7

語言和推理總分
（項目 14 至 17）

學習活動

18.手眼協調

1 2 3 4 5 6 7

19.◆美勞藝術

1 2 3 4 5 6 7

20.音樂及律動

1 2 3 4 5 6 7

21.◆沙和水的遊戲

1 2 3 4 5 6 7

22.◆扮演遊戲

1 2 3 4 5 6 7

23.◆積木

1 2 3 4 5 6 7

24.電視的使用

1 2 3 4 5 6 7

25.日常活動作息表

1 2 3 4 5 6 7

26.室內及戶外遊戲的管理

1 2 3 4 5 6 7

學習活動總分
（項目 18 至 26）

社交發展

27.語調

1 2 3 4 5 6 7

28.紀律

1 2 3 4 5 6 7

29.文化體認

1 2 3 4 5 6 7

社交發展總分
（項目 27 至 29）

32.專業成長的機會

1 2 3 4 5 6 7

成人需求總分
（項目 30 至 32）

成人需求

30.與家長的關係

1 2 3 4 5 6 7

31.協調個人身分和照顧者身分的責任

1 2 3 4 5 6 7

評量表總分

A. 總分
（包含項目 1 至 32）

B. 評量項目總計分
（將 a 和 b 做分開的計分項目）

C. 項目平均分數
（總分除以評量項目）

補充項目：針對特殊幼兒的準備

33.調適性的基本照顧（肢體障礙）

1 2 3 4 5 6 7

34.調適性的活動措施（肢體障礙）

1 2 3 4 5 6 7

35.配合其他特殊需求

1 2 3 4 5 6 7

36.溝通（特殊的）

1 2 3 4 5 6 7

37.語言／推理（特殊的）

1 2 3 4 5 6 7

38.學習和遊戲的活動（特殊的）

1 2 3 4 5 6 7

39.社交發展（特殊的）

1 2 3 4 5 6 7

40.照顧者的準備工作

1 2 3 4 5 6 7

補充項目總分

針對特殊幼兒的準備
總分
（包含項目33至40的所有分數）

針對特殊幼兒的準備
評量項目
總計

針對特殊幼兒的準備
平均分數
（特殊項目總分除以特殊評量項目）

項目	不適當 1	2	最低要求 3	4	良好 5	6	優良 7
8. 正餐／點心*	› 正餐／點心時間不可信、不一致。 › 烹飪區和進食區未保持乾淨。 › 以奶瓶餵食時，將奶瓶杵在嬰兒懷裡讓他自己進食，並不是照顧者抱在懷中餵食。 › 嬰兒或學步兒帶著奶瓶上床睡覺。 › 食物營養成分受質疑。		› 規律的供應均衡的正餐／點心。 › 清潔的烹飪區和進食區。 › 食物烹調衛生。 › 以奶瓶餵食嬰兒時，照顧者採懷抱方式。 › 學步兒自己用奶瓶進食時，是採坐姿或頭部是墊高的。 › 嬰兒或學步兒沒有帶著奶瓶上床。		› 用餐時間仔細規劃（例如：事先準備餐點與桌子）。 › 以不同年齡區別餵食時間來避免等待（例如：讓以奶瓶餵食的嬰兒先進食，年紀比較大的孩子先進行其他活動，稍後再進食）。 › 照顧者和孩子說話並提供愉快的社會互動時光。		› 鼓勵自助技巧（例如：鼓勵嬰兒／學步兒自行進食可以用手指抓握的食物；適時介紹叉子和湯匙；可以的話，讓孩子幫忙擺桌子、準備食物等）。 › 照顧者儘可能和幼兒坐在一起、一起吃飯。 › 家長可以看到菜單的設計。
9. 午睡／休息	› 午睡／休息時間或地方對幼兒而言不適當（例如：不恰當的時間安排——太早或太晚、太長或太短、區域擁擠、聲音嘈雜、沒有新鮮的空氣、不乾淨）。 › 在午睡／休息時沒有或很少成人陪伴。		› 每天有午睡／休息的計畫表。 › 每個孩子有自己的嬰兒床或小床、有乾淨的床單及毯子。 › 相同的寢具除非已經過清洗，否則不會給不同幼兒使用。 › 照顧者留在屋內，並隨時保持警覺。		› 午睡／休息計畫表會依照不同年齡層的幼兒做適當的設計（例如：嬰兒、學步兒、學齡前幼兒會有不同的計畫表）。 › 休息的空間良好（例如：房間安靜、幼兒的空間至少有兩呎的距離）。		› 協助幼兒放鬆自己（例如：有一個可以擁抱的玩具、輕柔的音樂、輕撫背部）。 › 孩子的個別需求均已做到（例如：對於早起或不想睡的幼兒安排安靜的活動；隨著幼兒成長而改變適合的計畫）。
10.換尿布／如廁	› 如廁需求的基本問題（例如：尿布更換次數不足、嬰兒在換尿布桌上不安全、幼兒停留在馬桶座椅上的時間太久）。 › 未能達到基本的衛生條件*（例如：尿布被不適當的丟棄、如廁區域不乾淨、沒有經常洗手）。 › 當上廁所發生突發狀況時，照顧者會處罰幼兒或對幼兒生氣。		› 如廁區域有基本的衛生條件（例如：尿布區徹底的清潔或每次使用後會換上保護的墊子）。 › 照顧者在替嬰兒換尿布或協助幼兒上廁所後，會用肥皂清洗自己的手。 › 嬰兒尿布時常被更換及檢查。 › 幼兒在上廁所後會洗手。 › 照顧者以平和的態度處理幼兒的廁所突發狀況。		› 尿布區接近熱水水源處。 › 設備具有自助的功效（例如：如果有需要，洗手台附近有可以爬高的階梯、有準備兒童尺寸的馬桶座椅）。 › 照顧者與家長一起進行訓練學步兒如廁工作。 › 使用愉悅的語氣進行換尿布及協助幼兒如廁。		› 換尿布或如廁時間與幼兒談話使其感到溫暖。 › 在換尿布／如廁時間促進幼兒清潔與穿衣上的自我技巧（如：洗手、使用衛生紙、自己扣鈕釦）。

說明

12. *保持照顧區的乾淨，包括至少每週清洗所有的玩具，可能的話使用風乾的方式使其乾燥。地板應該使用吸塵器或以濕拖把用消毒水經常擦拭，以殺死可以在地板毯子和家具上存活數日至數星期的細菌。餐椅應該每日用抹布沾濕殺菌清潔液擦拭乾淨。

項目	不適當 1	2	最低要求 3	4	良好 5	6	優良 7
11. 個人照顧	› 很少注意到個人儀表的照顧（例如：沒有洗手、洗臉、梳頭）。 › 沒有適合幼兒尺寸的洗手檯。 › 共用相同的毛巾。		› 有幼兒容易洗手的地方（例如：水槽邊有踏腳板）。 › 每個幼兒有自己的毛巾／面巾（紙或布）。 › 幼兒飯前飯後有洗手。 › 幼兒有備用衣服可替換。		› 鼓勵做個人自助式的照護（例如：有參加美勞活動時容易穿脫的圍兜，跟幼兒視線一樣高度的鏡子，學齡前幼兒可以拿得到的毛巾）。 › 嬰兒／學步兒有圍兜可以供用餐時使用。 › 照顧幼兒的儀表（例如：在玩得很凌亂以後清潔收拾，午睡後幫幼兒梳頭）。		› 幼兒使用自己的牙刷，每日至少刷牙一次。 › 能使用活動教幼兒學習自我照顧的能力（例如：唱刷牙歌或練習梳頭）。
12. 健康	› 照顧區設備不潔（例如：玩具從沒洗過或屋內庭院有動物污染的徵兆）。 › 沒有對幼兒做疫苗注射、緊急醫療或其他健康方面的紀錄。 › 照顧者一年內未做健康檢查。		› 照顧區乾淨*。 › 基於醫療照顧須經家長的允許，照顧者須有每個幼兒的緊急照護的書面許可和健康的資訊，同時有幼兒醫師、牙醫及家長工作電話的資料。 › 照顧者通報幼兒疑似受虐之情形。 › 照顧者每年做健康檢查。		› 照顧者減少細菌散播（例如：替流鼻水的幼兒用衛生紙擦拭，告知家長在其他日托中心的幼兒疾病）。 › 特殊健康問題的孩子均留有紀錄，例如：過敏、失聰或過動，並且充分的準備相關備詢資料。 › 照顧者對幼兒的健康狀況有所警覺（例如：檢查煩躁的孩子是否發燒）。 › 家長了解生病期間的出席規則。 › 只有在得到家長允許的狀況下，才給予幼兒服用原裝藥瓶的藥。		› 照顧者有安排醫療諮詢顧問，例如：特約臨近的醫生或護士處理幼兒的照顧問題。 › 生病的幼兒有安靜的休息區。 › 提供家長健康資訊（例如：營養、幼兒疾病、當地醫療服務的手冊）。 › 鼓勵良好的健康習慣（例如：營養活動、提供幼兒有關健康的故事書）。 › 照顧者是健康實行的好榜樣（例如：吃健康食物、不在幼兒面前抽煙）。

說明

13. *以下所列各項明顯可見的危險現象並不表示已完全列出，但要在評分表上註記所見的安全問題。

一些室內的安全問題

- 電插座沒有安全蓋
- 電線鬆脫
- 太重的玩具或其他幼兒可扯下來的東西
- 清潔用品、藥物和其他危險物品沒有鎖好
- 垃圾觸手可及
- 爐上鍋柄觸手可及
- 爐子開關觸手可及
- 玩具盒蓋很重
- 嬰兒床護欄寬得可以夾到幼兒的頭
- 嬰兒床床墊無法與床密合
- 水溫太熱
- 墊子或毯子容易滑動
- 玩具零件可被吞食
- 使用中的爐子或壁爐沒有保護裝置
- 開放的樓梯天井

一些戶外的安全問題

- 可觸及工具
- 可觸及花園灑水器噴頭
- 工具棚或車庫沒鎖
- 有毒植物環繞
- 不安全的遊戲設備
- 不安全的走道樓梯
- 很容易走到馬路

14a. & 14b. 假如照顧者照顧的對象同時有兩個年齡組群，則同時評量 a 和 b 兩個等級；假如現在只有一年齡組群，只評量適合等級的項目。

項目	不適當 1	2	最低要求 3	4	良好 5	6	優良 7
13.安全	› 在緊急狀況下，家中沒有可使用的電話或交通工具。 › 室內明顯可見的安全問題*（例如：鬆脫的電線、無加蓋的插座、沒鎖上的藥品、幼兒觸手可及的清潔用品、樓梯間沒門）。 › 戶外區的危險（例如：不安全的設備、尖銳或危險物品）。		› 在緊急狀況下，家中有可使用的電話或交通工具（例如：自用車或救護小組）。 › 急救用品準備得很周全，隨時可用。 › 電話旁貼有緊急號碼。 › 通過官方的防火安全檢查。 › 室內熱水有安全管制。 › 室內與戶外沒有明顯的安全問題（例如：藥鎖在櫥櫃中，拿不到清潔用品，易被吞食的小玩具及物品遠離嬰幼兒，庭院有圍籬）。 › 緊急狀況有替代照顧者。		› 每月與幼兒最少進行一次緊急逃生演練，並張貼逃生計畫。 › 照顧者對所有年齡層的嬰幼兒都有車內安全座椅設施（例如：嬰幼兒座椅，成人和較年長的幼兒有分開的安全帶）。 › 輪值或替代的照顧者熟悉照顧狀況，尤其是園內的幼兒及緊急照顧計畫。 › 照顧者過去兩年有急救的訓練。		› 急救訓練包含幼兒的心肺復甦術。 › 與家長分享安全資訊（例如：行車安全手冊、家庭安全和家庭托育的安全計畫）。 › 教導幼兒安全知識（例如：搭車和過馬路規則）。

語言和推理

項目	不適當 1	2	最低要求 3	4	良好 5	6	優良 7
14a.使用非正式語言（嬰兒／學步兒）	› 很少或不跟嬰兒以及學步兒說話。		› 使用語言主要是為了要控制幼兒的行為（例如：「來這裡。」「拿這個。」「不、不行！」）。 › 對幼兒說一些社交性的語言。		› 照顧者回應嬰兒的聲音，參與幼兒的口語遊戲（例如：對幼兒唱歌，模仿幼兒的聲音）。 › 當照顧者跟幼兒說話時，跟幼兒保持眼神接觸。		› 在日常活動期間，照顧者對嬰兒及學步兒說話，討論活動內容。 › 重複學步兒所說的話，在適合的時機增加字詞或想法。 › 鼓勵學步兒使用語言或字詞。

說明

14a. & 14b. 假如照顧者照顧的對象同時有兩個年齡組群，則同時評量 a 和 b 兩個等級；假如現在只有一年齡組群，只評量適合等級的項目。

15a. & 15b. 假如照顧者照顧的對象同時有兩個年齡組群，則同時評量 a 和 b 兩個等級；假如現在只有一年齡組群，只評量適合等級的項目。

注意：若使用電視來進行語言活動，則被分開評量於項目 24 之下。

15a. *嬰兒及學步兒的教具：布書或硬紙書，熟悉物的圖片，以及一般在家庭裡常用及常見且能讓幼兒操弄的物體。

15b. *兩歲和兩歲以上幼兒的教具：童書、雜誌、錄音帶；坊間教材或自製的圖片遊戲，像樂透（lotto）；討論圖片。

**隨手取得的意思指幼兒能自己觸及並使用的教材，每天至少一小時的時間。

***觀察者最少必須看見一個例子。

項目	不適當 1	2	最低要求 3	4	良好 5	6	優良 7
14b.使用非正式語言（兩歲和兩歲以上）	› 語言的使用主要是為了控制幼兒的行為和常規。		› 照顧者和幼兒互動時使用一些社會性語言。 › 通常是以「是／不是」或簡短答案的問題詢問幼兒。		› 照顧者和幼兒間使用許多社會性語言。 › 語言的使用是為了和幼兒分享資訊。 › 鼓勵幼兒說話（例如：照顧者傾聽、提出問題引導幼兒多說一些話）。 › 照顧者根據幼兒提出的想法，再加上其他概念。 › 照顧者協助幼兒享受語言（例如：和幼兒一同唱歌、念童謠）。		› 照顧者每天和每位幼兒都有非正式的交談。 › 詢問學前幼兒為什麼、如何、假如等問題，促使幼兒回答較長的句子或複雜的答案。 › 鼓勵幼兒使用語言來解決問題。
15a.幫助幼兒了解語言*（嬰兒／學步兒）	› 童書數量少於四本並且沒有圖片遊戲可玩。 › 照顧者沒有為嬰兒／學步兒說出物體名字或解說圖片。		› 至少有八本適合嬰兒／學步兒的書（例如：布書或硬紙書、內容簡單清楚的書、色彩豐富的圖片）。 › 每週至少三次，照顧者和幼兒一起使用教具材料。 › 照顧者為嬰兒／學步兒說出一些物體名字或解說圖片。		› 至少有十二本給嬰兒／學步兒的書。 › 照顧者說出很多物體名字，討論相關圖片，念童謠、唱歌給幼兒聽。		› 照顧者每天對每位嬰兒／學步兒至少進行一次語言活動。 › 全天進行增進幼兒語言了解的工作（例如：給予學步兒清楚指導語；照顧嬰兒時，為嬰兒描述他的活動行為）。
15b.幫助幼兒了解語言*（兩歲和兩歲以上）	› 童書數量少於六本並且沒有圖片遊戲可玩。		› 至少有十本給幼兒的童書；有一些圖片遊戲和錄音帶。 › 每週至少三次照顧者和幼兒一起使用教具材料（例如：照顧者說出書上圖片的名字、讀故事、放錄音帶與幼兒一同歌唱）。		› 最少有二十本童書和許多圖片遊戲，讓幼兒每天容易隨手取得**並獨立操作使用。 › 教具教材適合所有年齡層的幼兒使用。 › 每天最少規劃一種活動***（例如：閱讀、說故事、討論繪本童書、念童謠）。		› 照顧者一個月一次由圖書館借閱圖書教材，或利用其他方式增加教具。 › 照顧者在全天進行的照護工作中，潛移默化地增進幼兒對語言的了解（例如：給予清楚的指導語、正確的用字、指出室內或戶外所有看到且感興趣的事物，如閱讀食物的說明標籤和路標）。

說明

16. * 材料：手偶、書、扮演遊戲的道具、玩具電話、錄音帶、洋娃娃、鏡子、照片（圖片）。
活動：重複念童謠、對嬰兒唱歌、回應嬰兒的咿呀聲、說出熟悉物品的名稱、討論書中的插圖或照片、念故事、表演和講述。

17. * 材料：使用坊間或自製玩具去學習顏色、尺寸、形狀、數字、文字；拼圖。
活動：自然、科學、烹飪。
** 觀察者至少必須看一個例子。

項目	不適當 1	2	最低要求 3	4	良好 5	6	優良 7
16.幫助幼兒使用語言*	› 沒有教材或活動可讓幼兒練習說話。		› 少數的教材幫助幼兒們練習說話（例如：手偶、玩具電話）。 › 照顧者一天利用一個活動鼓勵幼兒們說話（例如：手指遊戲、分享活動、唱歌、重複歌謠或兒歌、回應小嬰兒發出的咿呀聲）。		› 每天有許多教材讓幼兒們自我操作，幫助幼兒練習說話。 › 照顧者一天使用兩種活動鼓勵幼兒說話。		› 每天計畫提供富有變化的活動，在每一個不同年齡層的團體中促進交談，包括：嬰兒、學步兒、學齡前幼兒及學齡幼兒（例如：鼓勵嬰兒／學步兒說出物品名稱及圖片，學齡前幼兒談論他們的經驗、說故事）。
17.幫助幼兒建立推理*（運用概念）	› 沒有教具或活動可讓幼兒練習推理。 或 › 對那些年紀太小或不感興趣的幼兒使用不適當的學校教學模式教導。		› 使用些許現成的教材。 › 利用日常生活經驗去幫助幼兒學習大小、形狀、顏色、數字和彼此間關係的概念**。		› 有多樣化的遊戲和隨手可得的教材及良好維修。 › 當幼兒使用那些材料時，照顧者用談話幫幼兒思考形狀、大小等等（例如：問一些問題幫助學齡前幼兒的推理思考——有多少？有什麼不同？）。 › 每個禮拜至少一次自然／科學／烹飪的活動（例如：在秋天可以討論葉子，請幼兒協助製作點心）。		› 照顧者每週最少一次與每一位幼兒玩適當的概念發展的遊戲（例如：讓嬰兒將盒子依形狀分類，讓學步兒學習使用量杯和玩拼圖，教導學齡前幼兒數字的概念）。 › 藉由指出每日一連串的事件和結果，鼓勵幼兒去思考（例如：「你要先換尿布然後才能玩」，「假如你在屋內玩球可能會發生什麼事？」）。

說明

18. *材料：

婴兒及學步兒——抓握玩具、家用物品，例如曬衣夾、量杯組。

兩歲和兩歲以上——積木、拼圖、蠟筆、鉛筆、幼兒用剪刀、小建築組、釘木板和木栓。

19. ♦如果托育的幼兒年齡均為十二個月及以下的嬰兒省略此項目。

*材料：蠟筆、顏料、麵團、剪糊材料、木片和其他小碎片供膠合及木工。

**繪畫是提供幼兒表現自己創造力的一個機會。因此，著色書不被考慮進去。

20. *材料：收錄音機、多類型的唱片或卡帶、音樂盒、音樂玩具、小樂器、故事錄音帶、舞蹈小道具。

項目	不適當 1	2	最低要求 3	4	良好 5	6	優良 7

學習活動

項目	不適當 1	2	最低要求 3	4	良好 5	6	優良 7
18.手眼協調*	› 無適當訓練手眼協調的材料可供幼兒日常中使用。		› 有一些幼兒容易取得的手眼協調材料，提供在日常生活中自由使用。 › 每個受照顧的年齡群組（嬰兒、學步兒、學齡前孩童、學齡孩童）至少有五種材料供使用。		› 維護良好的多樣化手眼協調材料，提供幼兒在日常生活中使用。 › 每一年齡群組至少八種材料（例如嬰兒：搖鈴，不同尺寸物品以供撿拾；學步兒：木栓板、小型組裝玩具；學前幼兒：蠟筆、剪刀、拼圖）。 › 提供空間以供使用教材。		› 時常更換材料以維持興趣。 › 材料開架陳設以鼓勵自助取用（例如：在開放之儲藏櫃或箱子上以圖片標示）。 › 照顧者幫助幼兒發展技能（例如：使用剪刀、拼圖、木栓板）。
19.♦美勞藝術*	› 無美勞材料供幼兒使用。		› 提供一週至少可使用兩次的些許材料（包括畫畫**）。		› 每天有蠟筆、紙或其他畫圖材料以供自由表現（例如：提供學步兒材料，學前幼兒自己取用材料）。 › 需成人督導使用之美勞材料，一週至少計畫三次活動（例如：剪東西、糊東西，彩繪圖畫，塑形麵團）。 › 鼓勵創意，極少讓幼兒模仿樣品。		› 每天至少提供兩種不同的活動給學前幼兒（例如：畫圖、糊東西、剪貼東西、彩繪）。 › 每週活動包含至少一種三度空間的材料（例如：塑形麵團、黏土、木工製品、木材黏合）。
20.音樂及律動*	› 沒替幼兒準備適合的音樂律動教材。 或 › 大音量的背景音樂妨礙正在進行的活動。		› 每週至少提供孩子一些音樂經驗（例如：開收音機以供跳舞，照顧者與孩子一起唱歌，提供至少五種選擇的音樂帶）。		› 一週至少提供幼兒三次音樂經驗。 › 照顧者每天非正式與孩子一起唱歌。 › 提供音樂經驗給所有年齡層的孩子（例如：適合嬰兒／幼兒之音樂盒和音樂玩具，適合學前幼兒之錄放音機和錄音帶）。		› 日常中有規劃好的時段和專屬使用空間供幼兒音樂律動之用。 › 多樣之舞蹈小道具和樂器以供幼兒自行使用。

說明

21. ♦如果托育的幼兒年齡均為十二個月及以下的嬰兒，省略此項目。
 *材料：沙或類似品（玉米粉或穀物的粗粉、磨碎的咖啡）、廚房器具、鏟子和水桶、玩具小汽車和卡車。

22. ♦如果托育的幼兒年齡均為十二個月及以下的嬰兒省略此項目。扮演遊戲意味「假裝」，例如當幼兒假裝成消防隊員或洋娃娃會講話及吃東西。
 *材料：裝扮用的衣服、玩具房子、幼兒尺寸的家具、餐具、洋娃娃、娃娃的家、車庫，其他能增加玩法的配件，如娃娃床和衣服或背包和露營用品。

23. ♦如果托育的幼兒年齡均為十二個月及以下的嬰兒省略此項目。
 *材料：不同尺寸的積木、配件，例如與積木搭配使用的小人、玩具卡車、玩具動物。

項目	不適當 1	2	最低要求 3	4	良好 5	6	優良 7
21.♦沙和水的遊戲*	› 室內或戶外都沒有可玩耍的沙和水。		› 在一整年中至少每兩週一次戶外或室內沙或水的遊戲。		› 每週至少有一次沙或水的遊戲。 › 提供不同的玩具用於玩沙和水（例如：杯子、漏斗、卡車、水壺、平底鍋、湯匙）。		› 每週至少有三次沙和水的遊戲。
22.♦扮演遊戲*	› 沒有材料可作為扮演遊戲之用。		› 有一些可利用的戲劇扮演材料（例如：裝扮用的衣服、洋娃娃）。 › 些許配件（例如：洋娃娃的床或餐具）。		› 每天都有多樣的扮演遊戲材料及配件。 › 室內或戶外的材料皆容易取得。 › 小道具除了家用物品外，還包含交通運輸工具、工作角色、冒險活動。		› 扮演材料有系統的規劃整理，可供幼兒獨自使用（例如：扮演用的餐具放在分開的箱子或架上，而非堆放在玩具櫃中，扮演用的衣服掛在吊鉤上）。 › 一些幼兒尺寸的玩具家具（例如：小火爐、嬰兒車）。
23.♦積木*	› 沒有可供堆疊的積木材料。		› 有一些積木和配件可利用。		› 多樣的積木和配件放置一起，每天都可以使用到。 › 玩積木的空間未規劃在動線上。		› 積木和配件有很好的規劃整理，幼兒能獨自使用（例如：積木和配件放在分隔的貼有標示的箱子內或開放式的架上）。
24.電視的使用	› 不論是否有人觀看，總是開著電視，造成環境噪音與干擾。 › 電視成為照顧者的娛樂消遣（例如：觀看連續劇或其他成人節目）。		› 把電視當作保母代替遊戲活動，提供幼兒娛樂消遣及保持忙碌。 › 觀看電視時間每天不超過兩小時。 › 電視節目不設限在教育性及有益性。		› 照顧者限制電視節目及電玩遊戲的使用，僅選擇對幼兒有益的（例如：「羅吉斯先生的鄰居」、「電力公司」、「芝麻街」、教育性的電玩遊戲，但不包含太多卡通）。 › 當播放電視時，同時也提供一些選擇性的替代活動。		› 照顧者使用電視作為一種教育性的經驗。 › 和幼兒一同觀看、問問題、加入資訊。 › 在觀看電視後會計畫一些遊戲活動（例如：指出在節目中介紹過的物品的字母，或跟著電視的指導進行藝術活動）。 **或** › 照顧者完全不使用電視節目。

說明

27. *語調意指照顧者與幼兒，以及幼兒和幼兒之間的互動品質。這個項目是在評估成人和幼兒，以及幼兒與幼兒之間愉悅和溫暖的互動程度。

項目	不適當 1	2	最低要求 3	4	良好 5	6	優良 7
25.日常活動作息表	› 缺乏計畫性及系統的規劃，導致幼兒日常的需求無法被滿足（例如：哭泣的幼兒、匆忙的進餐時間、延誤換尿布）。 › 沒有將與幼兒交談或遊戲活動排入作息表（例如：照顧者沒有安排故事時間，與幼兒遊戲，或提供美勞活動等）。		› 作息表允許照顧者成功地依各年齡的幼兒安排基本的作息。 › 作息表中除了基本作息外，照顧者提供遊戲活動。		› 每日上午或下午，幼兒有多樣化的遊戲活動可選擇。 › 在天氣許可下，每天至少有兩種特別活動，一種室內、一種戶外活動（例如：故事、美勞、音樂、玩水、散步）。 › 作息表中平均提供室內與戶外活動。 › 作息表中提供均衡的靜態與動態遊戲。		› 照顧者在日常活動中融入學習經驗（例如：教導自助能力，與幼兒交談）。 › 提供流暢的轉換時期（例如：讓嬰兒午睡前，先準備好學齡前幼兒的遊戲器材）。
26.室內及戶外遊戲的管理	› 除了有問題發生，沒有提供監護。 › 照顧者大部分只關心她的工作或興趣所在（例如：講電話、看電視、做家事）。 › 照顧者不參與幼兒戶外活動。		› 在離幼兒不遠處監護幼兒。 › 大部分只注意幼兒是否安全的、清潔的、適當的使用器材。 › 照顧者的工作或興趣焦點不違背照顧功能（例如：在幼兒睡覺時完成工作，或幼兒有興趣於幫忙擺桌椅或吊曬洗滌物）。		› 照顧者與幼兒互動頻繁、討論想法、協助使用工具。 › 當必要時協助幼兒解決衝突。 › 依個別差異給予適當的監護（例如：對學步兒就要多一些關懷，對三至四歲的幼兒，應給予較多獨立自主的機會）。		› 照顧者尋求延伸學習的機會（例如：閱讀故事後提出戲劇扮演的引導）。 › 悉心的活動設計能避免衝突（例如：給學步兒多副玩具，一次提供數位幼兒足夠的積木）。

社交發展

項目	不適當 1	2	最低要求 3	4	良好 5	6	優良 7
27.語調*	› 照顧者和幼兒的互動關係似乎很緊張，聲音聽起來是生氣的，幼兒經常哭泣。 › 大部分是為了管教幼兒才使用身體的接觸（例如：催促幼兒快點；處罰）。		› 身體接觸主要是針對幼兒日常照顧，很少表現出關愛的感情。 › 照顧者不會常常對幼兒微笑、說話，以及傾聽幼兒說話。 › 照顧者只特別注意最喜愛的幼兒。		› 照顧者對所有的孩子以身體接觸的方式來表達她的關愛（例如：溫和的抱著、擁抱、輕輕摸頭）。 › 照顧者和幼兒看起來是悠閒的，聲音使人感覺愉悅的，有許多微笑。		› 照顧者和幼兒們的互動表現是尊重和關心的。 › 照顧者會因為幼兒的友善表現以及幫助他人而加以稱讚。

說明

28. *描述對所有幼兒所用的方法，包括照顧者自己的幼兒。

項目	不適當 1	2	最低要求 3	4	良好 5	6	優良 7
28.紀律*	› **不是**紀律嚴厲以至於幼兒時常被處罰，**就是**太過放縱以至於沒有秩序或沒有控制。 › 嚴格的紀律，例如：打屁股、不斷的大叫，或者不給食物作為管理的方法。		› 照顧者從不使用身體的處罰。 › 照顧者維持適當的管理，使幼兒不傷害他們自己和其他的幼兒。		› 有效地使用處罰的替代方法（例如：隔離、暫停幼兒目前的工作）。 › 當幼兒有好行為時，適時提供讚美和注意。 › 照顧者在考慮訂定規則和實施時，會顧及幼兒們的年紀和能力。 › 對幼兒們解釋所訂定規則的理由。 › 照顧者賞罰並用。		› 照顧者在處理問題時會預先思考，並且試著避免問題的發生。 › 照顧者在問題變得嚴重前先化解問題（例如：在幼兒可能發生爭執之前，先協助幼兒一同分享玩具；利用預約表或計時器將輪流的規則變得更順暢；引導幼兒先進入下一個活動）。 › 照顧者幫助幼兒們透過討論問題找到適切的解決辦法。
29.文化體認	› 只以單一族裔為主題來呈現所有的玩具和圖畫。 › 缺乏多元化族裔的玩偶、圖解的書或圖片的教材。 › 將男孩和女孩限制在屬於他們性別的傳統角色（例如：讓女孩扮演做家事的角色）。		› 至少要呈現兩個不同族裔的玩偶，和至少兩本包含不同族裔角色的書或圖畫。 › 男孩和女孩在選擇遊戲活動時，不會被限制在傳統的性別角色。		› 提供多樣化族裔的玩偶、圖畫和書。 › 在團體活動裡，會包括所有的幼兒族裔背景的節日和文化習俗。 › 鼓勵男孩和女孩自由選擇活動，不會被限制在傳統的性別角色（例如：鼓勵女孩參與木工活動）。 › 老年、中年、壯年、青少年、兒童等各種年齡層次都會在圖畫和書中介紹到。		› 規劃融合多元文化及多元族裔以及沒有性別歧視的教學內容（例如：閱讀介紹非傳統的男人、女人和少數族裔角色的書籍；男孩和女孩的玩偶）。

項目	不適當 1	2	最低要求 3	4	良好 5	6	優良 7

成人需求

項目	不適當 1	最低要求 3	良好 5	優良 7
30.與家長的關係	› 沒有提供家長明確訂定的托育辦法（例如：沒有提供任何有關幼兒缺席期間付費方法的資訊，幼兒的健康狀況，服務時間，或者家長應負的職責等）。 › 照顧者對於幼兒的家與家人的資訊沒有充分的了解（例如：不清楚誰可以或誰不可以接走孩子）。	› 口頭告知家長有關幼兒托育的辦法和規則。 › 在孩子參加托育之前和之後，家長都像訪客一樣受歡迎。	› 在孩子開始托育之前先給家長書面契約。 › 照顧者至少每週一次告知家長關於他們孩子從事的活動。 › 照顧者與家長共同合作（例如：共同計畫訓練孩子如廁的習慣、討論紀律的方法）。	› 照顧者每日提供關於各幼兒活動的非正式報告。 › 鼓勵家長與家庭托育中心分享技能和興趣（例如：提供不同的學習素材、與孩子分享生活經驗、出遊時能給予協助）。
31.協調個人身分和照顧者身分的責任	› 為了提供托育服務，照顧者對於自己原本家務工作的規劃少有或甚至沒有調整（例如：家庭以外的家務責任和處理瑣事比幼兒的需求重要）。 或 › 照顧幼兒的責任通常跟兼顧家庭的責任是相悖的（無法兼顧的）。	› 每日行程中的些許變動能配合托育作息，但自身的責任又常干擾到正常托育工作。 › 幼兒時常被委託給代理照顧者（例如：家庭成員、友人或其他人）。 › 很難滿足自己孩子與家人精神上與照顧上的需求。	› 為減少家庭責任和托育工作的互相干擾，照顧者規劃一套可以相融的作法（例如：受托育的幼兒與家庭成員都有他們專屬的空間，並在照顧其他幼兒的工作結束後，留一段專屬的時間給自己的孩子）。 › 托育服務時段主要的工作焦點就是在照顧幼兒。 › 代理者可以支援幫忙。	› 可能的話，利用協助日常家庭工作的機會作為幼兒的一種學習活動（例如：讓幼兒幫忙烘焙麵包、整理與摺疊衣服）。 › 巧妙的融合托育工作與家庭責任（例如：帶幼兒出門辦一些他也會有興趣的瑣事，同時在回家途中安排到小公園玩一下）。
32.專業成長的機會	› 照顧者沒有參加任何專業成長的活動（例如：沒有符合當前趨勢的嬰幼兒教養書籍或雜誌，沒有參加專題研討會或課程，不是任何幼兒或托育協會的成員）。	› 很少參與專業成長活動（例如：每年參加一次專業的研討會或定期閱讀專業書籍或文章，類似像 *Parent's Magazine*、*Young Children*、*Child Care Information Exchange* 等及專業的時事通訊等）。	› 照顧者會定期參加專業成長的活動（例如：一年參加兩次專題研討會、選修一門專業課程或每年兩次實地參觀的訓練）。 › 照顧者定期的閱讀相關的托育書籍或雜誌。	› 在幼兒或托育專業團體中，照顧者是一位積極參與的成員。 › 一年至少四次參與專業進修或活動。

補充項目：針對特殊幼兒的準備

家庭式托育照顧機構中，當托育到有特殊需求的幼兒時，項目 33 至 40 則附加於前面三十二個項目的基礎上。以下這些「例外的」、「特別需求」及「障礙項目」的評量可彈性交換使用。

因為一些身心障礙的情況是不易觀察的，所以為了正確地分配評分，了解身心障礙幼兒的特徵是必要的。於實地調查及評估時，這些項目可以因應幼兒特殊情況做替換使用，不過這些評量尺度尚未經正式信度測試。

項目	不適當 1	2	最低要求 3	4	良好 5	6	優良 7
33.調適性的基本照顧（肢體障礙）	› 缺乏調適性的基本照顧設施（例如：吃、睡覺、如廁、清潔方面），或者不乾淨、沒有好的維護。 › 對幼兒的特殊基本需求照顧未能持續性的做到。 › 照顧者執行特殊基本照顧做得不夠徹底（例如：餵食時，孩子的姿勢並未妥適安置）。		› 特殊的輔具設備乾淨且經良好維修。 › 照顧者的照顧工作遵循特殊的作業程序且執行徹底（例如：插入導管、幫久病不起的幼兒翻身）。		› 照顧者不會因為幼兒須使用輔具設備及一些特殊需求，而將他和其他孩子隔開（例如：幼兒可以在餐桌上和其他幼兒一起進食，或和其他幼兒接近）。 › 照顧者以溫和且尊重的態度執行基本及衛生方面的例行照顧（例如：尊重幼兒的隱私、悉心處理特別照顧設備）。		› 照顧者規劃並提供學習活動去協助幼兒發展更高層的自助能力（例如：慢慢增加一些固體的食物給有咀嚼困難的幼兒、鼓勵幼兒盡己所能的去完成工作）。 › 照顧者能敏感回應幼兒的特殊需求（例如：能預期到無法行動的幼兒坐得很累時，能協助改變其坐姿）。
34.調適性的活動措施（肢體障礙）	› 障礙限制了幼兒使用空間及物品，但照顧者並沒有調整現狀（例如：玩具放置在超過他能觸及的地方，階梯妨礙了活動上的便利性）。 › 沒有設置或使用輔具設施，因此妨礙幼兒參與一些學習及社交的活動。		› 障礙或許會限制行動，但需要時照顧者會協助幼兒參與活動（例如：將不能行走者移動到其他幼兒遊戲的地方）。 › 有一些輔具設備，而且乾淨、安全，以及經良好維修。 › 有合宜空間安置輔具設備。		› 室內外均有設置協助孩子學習自助發展及遊戲的輔具。 › 允許幼兒自由地使用環境設施及空間（例如：玩具放置在幼兒可觸及的地方，無障礙的室內空間）。		› 照顧者鼓勵幼兒獨立去使用輔具設施。 › 照顧者設計活動，讓幼兒經由學習學會使用各項輔具設施。 › 照顧者協助其他幼兒接受輔具設施（例如：告訴其他幼兒這些設備是什麼，回答疑問，安撫恐懼，讓他們試用看看，並且幫助有障礙的幼兒）。

項目	不適當 1	2	最低要求 3	4	良好 5	6	優良 7
35.配合其他特殊需求	› 空間、陳設且／或作息沒做調整，以配合特殊幼兒的情緒、行為或精神方面的需求。		› 在空間、陳設且／或作息上有做一些調整，以防止特殊幼兒情緒、行為或精神方面引起的問題（例如：移走易碎物品、謹慎地看好幼兒、將複雜的區域單純化）。		› 在空間、陳設且／或作息上做多方調整，以配合幼兒的需求（例如：安靜的遊戲或工作區內陳設合適的玩具，供容易轉移目標的幼兒玩；安排特殊幼兒一對一教學的時間，幫助孩子學會他需要的特殊技能）。		› 照顧者鼓勵幼兒積極、獨立地使用空間、陳設和時間。 › 照顧者會改變空間、作息與／或陳設，以因應幼兒需求變化。
36.溝通（特殊的）	› 照顧者對特殊幼兒的溝通少於其他一般幼兒。 › 照顧者不會調整說話方式以符合特殊幼兒的理解程度；用同樣的方式對所有幼兒說話。 › 照顧者沒有提供多元的溝通方式因應障礙兒的不同需求（例如：沒有面對著聽障幼兒說話，沒有提供替代方式像使用手語或手寫板）。		› 照顧者對特殊幼兒的溝通與其他一般幼兒一視同仁。 › 照顧者會嘗試調整成幼兒能理解的程度與他們對話，但可能使用的句子太長或用太簡單的娃娃語對話。 › 提供多元的溝通方式，但在一天的作息中並不常使用（例如：手寫板只在語言活動使用，偶爾使用助聽器）。		› 照顧者經常與特殊幼兒溝通。 › 照顧者主動鼓勵特殊幼兒與他溝通。 › 照顧者鼓勵幼兒們能彼此互相溝通。 › 照顧者適當地調整特殊幼兒所能理解的對話方式。 › 必要時，鼓勵幼兒整天運用不同的方式溝通。		› 對於嘗試溝通的幼兒，照顧者予以讚美與增強。 › 照顧者會增進與特殊幼兒語言上的互動。 › 照顧者規劃活動，教授更廣泛的溝通方法（例如：教其他幼兒手語，介紹手寫板的使用方法）。
37.語言／推理（特殊的）	› 沒有嘗試提供適合的語言／推理教材或特殊材料，以配合特殊幼兒的需求（例如：沒有大繪本、特殊觸感的書，或高反差的圖片）。		› 照顧者提供一般的材料給特殊幼兒使用。		› 有詳盡列出並執行特殊幼兒的語言／推理的學習目標。 › 有需要時，照顧者會提供特殊幼兒專用的語言／推理材料。		› 照顧者會在日常生活的活動中，協助特殊幼兒學習語言及推理。 › 有計畫的將特殊幼兒專用材料融入活動中，以學習語言及推理。

項目	不適當 1	2	最低要求 3	4	良好 5	6	優良 7
38.學習和遊戲的活動（特殊的）	› 特殊幼兒被排除在其他幼兒的遊戲和學習活動之外（例如：坐輪椅的幼兒不准參加比較奔放的活動，聽障兒被排拒於音樂活動外，心智上有障礙的幼兒沒有適當的活動可以參與）。		› 特殊幼兒可參加但不能熱絡的參與活動（例如：坐輪椅的幼兒像旁觀者一樣，觀看扮演遊戲，但卻無人協助他融入）。 › 特殊幼兒可以進行一些替代性的活動（例如：當其他幼兒進行學習活動時，特殊幼兒可以玩玩具）。		› 為特殊幼兒提供適性發展的活動。 › 調整活動的方式，來配合特殊幼兒參與（例如：針對有侵略性的幼兒，減少活動參與的人數；使用桌子來進行那些通常在地板上完成的活動）。 › 照顧者和特殊幼兒一同參與活動，作為孩子模仿的對象。 › 照顧者提供更多指引及明確限制，鼓勵特殊幼兒學習並協助他成功。 › 特殊幼兒於遊戲與學習中使用最近學得的技巧時，照顧者給予讚美與增強效果。		› 照顧者幫助幼兒發展所需技巧，協助他們參與一般性的學習活動。 › 規劃特殊需求的學習活動，幫助幼兒發展特定技能（例如：學習活動中去習得自助技巧，像是扣鈕釦、自己吃飯）。
39.社交發展（特殊的）	› 提供特殊及非特殊幼兒少許社會互動的機會。		› 提供特殊及非特殊幼兒豐富的社會互動機會。 › 照顧者顯示對特殊幼兒的接受度（例如：擁抱幼兒為了表示感情；當幼兒說話時，與幼兒眼睛間的接觸）。		› 照顧者對特殊幼兒的社交技巧學習，給予讚美與增強。 › 照顧者鼓勵和增強幼兒每日之社會互動，包含特殊和非特殊幼兒。 › 照顧者示範適當的社會行為並鼓勵幼兒模仿。 › 特殊幼兒被其他幼兒接受為團體的一員。		› 照顧者根據特殊幼兒及其他幼兒學習新社交技巧的需要，會規劃並教導相關的學習活動（例如：教育特殊幼兒在別人打招呼時該如何回應，鼓勵特殊幼兒去邀請其他幼兒加入遊戲中）。 › 在適當的情況下，展示一些有關特殊者的書籍、圖畫、洋娃娃。

項目	不適當 1	2	最低要求 3	4	良好 5	6	優良 7
40.照顧者的準備工作	› 照顧者沒有尋求照顧特殊幼兒的資訊及技巧。 › 沒有請專家評估特殊幼兒的特殊需求，或規劃一個適合照顧特殊幼兒的托育中心。 › 照顧者和家長沒有分享有關特殊幼兒需求的訊息。		› 照顧者要求經專家評估得到的基本資料。 › 家長和照顧者分享有關幼兒的特殊需求（例如：家長提供照顧者專業評估的資料）。		› 照顧者藉由專家評估的資訊和建議，規劃一個全日性適合幼兒活動的計畫。 › 照顧者與家長密切合作，將家長對孩子的教育目標融入每日作息活動中。		› 有托育特殊幼兒時，照顧者參與特殊教育的專門訓練（例如：一年一定參加一次特殊教育的研討會，密切地與專業顧問聯繫，參加特別教育訓練或者支持系統）。 › 照顧者對特殊幼兒家長的需求敏感度高（例如：與家長分享有關親職成長團體的資訊，和對辨別特殊幼兒需求有困難的家長密切合作）。

國家圖書館出版品預行編目資料

家庭托育評量表／Thelma Harms, Richard M. Clifford 著；倪用直譯. -- 初版. -- 臺北市：心理，2007.11
面；　公分. --（幼兒教育；93）
譯自：Family day care rating scale
ISBN 978-986-191-095-6（平裝）

1. 托育　2. 幼兒保育　3. 褓姆　4. 教育評量

523.2　　96022062

幼兒教育 93　家庭托育評量表

作　　者：Thelma Harms, Richard M. Clifford
譯　　者：倪用直
執行編輯：陳文玲
總 編 輯：林敬堯
發 行 人：洪有義
出 版 者：心理出版社股份有限公司
社　　址：台北市和平東路一段 180 號 7 樓
總　　機：(02) 23671490　　傳　　真：(02) 23671457
郵　　撥：19293172　心理出版社股份有限公司
電子信箱：psychoco@ms15.hinet.net
網　　址：www.psy.com.tw
駐美代表：Lisa Wu　tel：973 546-5845　fax：973 546-7651
登 記 證：局版北市業字第 1372 號
電腦排版：臻圓打字印刷有限公司
印 刷 者：正恒實業有限公司
初版一刷：2007 年 11 月

定價：新台幣 150 元
ISBN 978-986-191-095-6